문정희

1969년 『월간문학』으로 등단 이래, 특유의 시적 에너지와 삶에 대한 통찰로 문단과 독자 모두의 사랑을 받아 왔다.
저서로 『문정희시집』 『새떼』 『혼자 무너지는 종소리』 『찔레』 『하늘보다 먼 곳에 매인 그네』 『별이 뜨면 슬픔도 향기롭다』 『남자를 위하여』 『오라, 거짓 사랑아』 『양귀비꽃 머리에 꽂고』 『나는 문이다』 『지금 장미를 따라』 『사랑의 기쁨』 『다산의 처녀』 『카르마의 바다』 『응』 『작가의 사랑』 외에 장시 「아우내의 새」 등의 시집이 있다.
영어 번역시집 『Windflower』 『Woman on the Terrace』, 독어 번역시집 『Die Mohnblume im Haar』, 스페인어 번역시집 『Yo soy Moon』, 알바니아어 번역시집 『kenga e shigjetave』, 프랑스어 번역시집 『Celle qui mangeait le riz froid』 외 다수의 시가 러시아어, 이태리어, 일본어 등으로 번역되었다. 고려대학교 문예창작과 교수를 역임했다.
현대문학상, 소월시문학상, 정지용문학상 등을 수상했으며, 마케도니아 테토보 세계문학 포럼에서 올해의 시인상, 한국예술평론가협회 선정 올해의 최우수 예술가상, 스웨덴 하뤼 마르틴손 재단이 수여하는 시카다Cikada상 등을 수상했다.

강병인 쇼터 01

'강병인 쓰다'

시는 견고합니다.
껍질이 단단해서 도무지 빈틈을 내어주지 않습니다.
수없는 고통을 이겨내며 나왔으니 그럴 수밖에 없습니다.

비집고 비집어 틈을 열어 글씨의 씨앗을 심어보려 하지만
오히려 더 굳게 문을 닫아버립니다.

읽고 또 읽고
쓰고 또 쓰고
두드리고 또 두드리고

마침내 조그마한 틈이 생기고 나는 글씨를 하나둘
심기 시작했습니다.
들어오고 나아가고 올라가고 내려가다 멈추고 서 있기를
반복하는 시간.
결국 뜻과 소리를 드러내며 제 모양으로 자라는 글자들.

시는 글자가 되고, 글자는 글씨가 되고 마는 순간입니다.
얼마나 기다렸던 일인가요.

글씨가 있는 시.

시가 가지고 있는 감정들
시어 속에 숨겨진 이야기들
활자로는 전달되거나 표상되지 않는 이야기들
획 하나하나에 스며들고 입체적으로 일어나
또 다른 시어가 되길 바라는 간절함으로 글씨를 썼습니다.

저 옛날 왕희지가 난정서를 썼듯이.
추사를 따르는 이들이 인왕산 아래 송석원에 모여
시를 짓고 글씨를 쓰며 그림을 그렸듯이.

눈송이처럼 너에게 가고 싶다

초판 1쇄 발행	2020년 11월 12일
개정판 1쇄 인쇄	2024년 9월 1일
개정판 1쇄 발행	2024년 9월 25일
지은이	문정희
글씨와 그림	강병인
펴낸이	정해종
펴낸곳	(주)파람북
출판등록	2018년 4월 30일 제2018-000126호
주소	경기도 회동길 480 아트팩토리엔제이에프 B동 222호
전자우편	info@parambook.co.kr
인스타그램	@param.book
페이스북	www.facebook.com/parambook/
네이버 포스트	m.post.naver.com/parambook
대표전화	031-935-4049
편집	현종희
디자인	이승욱
ISBN	979-11-7274-010-8 03810

- 책값은 뒤표지에 있습니다.
- 이 책은 저작물 저작권법에 따라 보호받는 저작물이므로 무단 전재와 복제를 금하며, 이 책 내용의 전부 또는 일부를 이용하시려면 반드시 저작권자와 (주)파람북의 서면 동의를 받아야 합니다.

눈송이처럼
너에게
가고 싶다

문정희 시를
강병인 쓰다

파람북

서문

뜨거운 숨결로

뜨거운 숨결로
살아서 꿈틀거리는 글씨로
사랑시집을 낸다.

별인가 하면
온몸을 때리는 종소리
피가 도는 생명이다.

시와 문자향文字香의
꽃 같은 만남이다.

매혹이다.

문정희

서문

마침내 시가 말을 걸다

'강병인 쓰다' 첫 권은
문정희 선생님의 시로 시작했습니다.

차마 말하기 어렵지만
시를 글씨로 옮기는 것쯤 눈만 뜨면 붓을 드는 나에게는
너무도 쉬운 일이었습니다.

허나,
첫 시부터, 여지없이 깨지고 무너지고 자빠지길 수십 번,
결국 일 년여의 시간을 고통 속에서 헤매었습니다.

글씨, 손글씨가 가지는 궁극의 힘은
보이지 않는 글의 뜻이나 소리, 감정을 보이게 하거나
들리게 하는 것입니다.

그러나 어떤 글씨는 감정이 넘쳐서 부족하고
어떤 글씨는 모자라서 부족했습니다.

문정희 선생님의 시는 힘이 있고 단단했습니다.
한 번의 붓질로는 어림없었습니다.
읽고 쓰는 무수한 붓놀림과 숙고의 시간을 거쳐야만
시어들의 심오한 결이 드러나고 비로소 말을 걸 수
있었습니다.

여기서 '응~'하면 저기서 '응~'하고
누워있던 글자가 일어나 춤추며 노래하기 시작했습니다.

"그리움 모두 살아 물레처럼 돌고"
"혼자 흘러와 혼자 무너지는 종소리처럼"

하나의 시 안에 몇 편의 시가 들어있는지 모를 일이었습니다.
어느 한 대목을 뚝 떼어놓으면 그것이 또 하나의 시가
되었습니다.

"사랑한다는 것은 조용히 물이 드는 것"
"온 세상에 눈부신 소문이 가뭇없이 퍼진다 한들"

문정희 선생님의 시 〈가을 노트〉와 〈풀잎〉 중 한 구절이지만 읽고 쓰는 내내 가슴을 요동치게 하고 설레게 했습니다.
한 줄의 시구에서 열 편의 시를 읽었다고 해도 과장이
아닙니다.

그 속에서 유영했던 시간은 고통이기도 했지만
시간이 지날수록 오롯이 스며오는 시편들에서 위로받으며
결국, 큰 기쁨이었음을 감사하게 생각합니다.

귀한 시를 글씨로 옮길 수 있도록 허락해주신
문정희 선생님께 감사드립니다.

세종 나신 인왕산 아래에서
영묵 강병인

| 서문 | 문정희 | 뜨거운 숨결로 | 007 |
| 서문 | 강병인 | 마침내 시가 말을 걸다 | 009 |

초봄	016
나무가 바람에게	020
햇살	024
가을 고백	028
풀잎	032
신록 연가	036
사랑에게	040

사랑해야 하는 이유	044
가을 우화	048
초록 야생조	052
새 옷 입고	056
비애	060
목숨의 노래	064
신록 앞에	068
벼랑의 노래	072
비망록	076
그대 만난 이후	080
담쟁이	084
사랑하는 것은	088
내 사랑은	092
황진이의 노래 1	096
황진이의 노래 2	100
그 거리에 가면	104
이 가을에	108
유리창을 닦으며	112
오늘	116
노래	120

고독	124
지금은 밤	128
달맞이꽃	132
이별 이후	136
탱고의 시	140
과거진행형으로 우는 음악	144
비의 사랑	148
응	152
사람의 가을	156
흙	160
한 번 사랑	164
겨울 사랑	168

본질의 신문	사랑? 유리병 속에 밀봉해둘까	173

사냥은
봄바람이
하고싶다

나는 봄보다 먼저
사랑에 빠지고 싶다

돌 틈새에 숨긴 보도나들
앙상한 가지에 매달리고
고백의 씨앗들
그대 가슴에 꽃피우기 전

제일 먼저 맺히는
이슬이 되고 싶다
사나운 봄바람이 되고 싶다

문정희 시 초봄을 낭독합니다

초봄

나는 봄보다 먼저
사랑에 빠지고 싶다

돌 틈새에 숨긴 노래들
앙상한 가지에 매달린
고백의 씨앗들
그대 가슴에 꽃 피우기 전

제일 먼저 맺히는
이슬이 되고 싶다
사나운 봄바람이 되고 싶다

아는 사람과
바람에게 하는 말은 똑같은가 봐

그 하늘을 사랑해

그래서 바람 불면 몸을 흔들다가
봄이면 달같이 초록이 되고
가을이면 조용히 단풍 드나 봐

훈정희 시 나무가 바람에게를 얻어쓰다

나무가 바람에게

어느 나무나
바람에게 하는 말은
똑같은가 봐

"당신을 사랑해"

그래서 바람 불면 몸을 흔들다가
봄이면 똑같이 초록이 되고
가을이면 조용히 단풍드나 봐

낮에는 해like 붙어 있고
그믐엔

당신이 사랑방에 서서
눈이 부시로 오후가 되면은

나는 머리를 자르고 싶어요

시냇가을 찾아가 감을 때에
낙엽과 함께 묻어버린 눈빛

그때부터 나의 동면은 시작되었겠지만
오늘 당신 앞에 다시 살아나

헝클어진 머리채 잘라버리고
처음인 듯 조용히 기대어
울고 싶은 건 무슨 일인가요

사랑이란 징어를 만났을 때
더욱 무성히 자라는 날이지만

오늘 긴 머리채 잘라버리고
다시 불같이 사랑하고 싶은 것은
이 무슨 찬란한 망발인가요

문정희 시 햇살을 멱목쓴다

햇살

당신이 사방에 서서
눈이 부신 오후가 되면

나는 머리를 자르고 싶어요

지난가을 찬바람 불 때
낙엽과 함께 묻어버린 눈빛

그때부터 나의 동면은 시작되었건만
오늘 당신 앞에 다시 살아나

헝클어진 머리채 잘라버리고

처음인 듯 조용히 기대어
울고 싶은 건
무슨 일인가요

사랑이란 장애를 만났을 때
더욱 무성히 자라는 법이지만

오늘 긴 머리채 잘라버리고
다시 불같이 사랑하고 싶은 것은
이 무슨 찬란한 망발인가요

가만히
맨송으로
물드는 수밖에

지금 와서 무엇을 숨기랴
내 가슴 속에는 가냘프게 기침 말고도
사랑이 가득 숨어
지난여름 내내 불볕이었던 것을
어떻게 하랴
바람 불어오는 벌판
가만히 맨살으로 묻는 수밖에

문정희 시 가을 고백을 옮겨씁니다

가을 고백

지금 와서 무엇을 속이랴

내 가슴 속에는 가난과 기침 말고도

사랑이 가득 숨어

지난여름 내내 불볕이었던 것을

어떻게 하랴

바람 불어오는 벌판

가만히 만삭으로 물드는 수밖에

온 세상에
눈부신 손길이
가뭇없이
퍼지리라 한들

틈틈새에서
파릇한 햇살들이
졸려 깨어나면
나는 소곤말고 서러운
사랑으로 눈 뜨리
누가 이르진 날
반지곤 소리를 숨길 수 없으리=
온세상에 눈부신 소문이
가뭇없이 퍼지는 나ㅡㅎㅏ듣ㄹ

본장희 시 풀잎으로 어ㅏ행살ㄴ다

풀잎

돌 틈새에서 파릇한 햇살들이
놀라 깨어나면
나는 조그맣고 서러운
사랑으로 눈 뜨리
누가 이런 날
발자국 소리를 숨길 수 있으랴
온 세상에 눈부신 소문이
가뭇없이 퍼진다 한들

나를
졸라대는
드리운 새
울음소리

언제부터인가
내 가슴 가장 푸른 벼랑 위에
새 한 마리가 살고 있어요

작은 짐승처럼
따스한 당신 손으로
한번 가만히 쓰다듬어보세요

한숨도 멈추지 않고
나를 졸라대는
뜨거운 새 울음소리 들어보세요

불을 삼키러 가자고
끝없이 퍼덕이는 날개 소리에
나는 밤마다 잠 못 이뤄요

하늘을 향하는
간절한 함성이라도 같은

흘러들 제 푸른 나이를
숨김없이 드리고 싶어요

제 몸 속에 살고 있는
새를 꺼내주세요

훗날 시 사랑 편지를 연결한다

신록 연가

언제부터인가
내 가슴 가장 푸르른 벼랑 위에
새 한 마리가 살고 있어요

작은 짐승처럼
따스한 당신 손으로
한번 가만히 두드려보세요

한순간도 멈추지 않고
나를 졸라대는
뜨거운 새 울음소리 들어보세요

불을 삼키러 가자고
끝없이 퍼덕이는 날개 소리에
나는 밤마다 불면이에요
하늘을 향한
간절한 탄성과도 같은

초여름, 제 푸른 나이를
숨김없이 드리고 싶어요

제 몸 속에 살고 있는
새를 꺼내주세요

온몸을 바닥에 던져서
한마디, 날벼락같은 메아리쳐듯

묵상하는 머리 귀 눈은
찬 바늘 물에
제울 따라 다섯
양상한 뼈 가 되어

사랑 너를 태양하리라

문정희 시
사랑에게들 영혼쓴다

사랑에게

온몸을 벽에 던져
한 마리 날벌레로 으깨어지듯

무성한 머리칼로
천 날을 울어
겨울나무처럼
앙상한 뼈가 되어

사랑, 너를 태우리라

똑같은
곡조를 만들고
산다는
것

우리가 서로 사랑해야 하는 이유는
세상의 강물을 나누어 마시고
세상의 채소를 나누어 먹고
똑같은 해와 달 아래서
똑같은 죽음을 맞들고 산다는 것이라네
우리가 서로 사랑해야 하는
또 하나의 이유는
세상의 강가에서 똑같이
시간의 돌멩이를 던지며 운다는 것이라네
바람숲에 나뒹굴다가
서로 눕히지도 모르는
나뭇요이나 쇠똥구리 같은 것으로
똑같이 흩어지는 것이라네

『왜 우리 서로 사랑해야 하는 이유를 열풀섶다

사랑해야 하는 이유

우리가 서로 사랑해야 하는 이유는
세상의 강물을 나눠 마시고
세상의 채소를 나누어 먹고
똑같은 해와 달 아래
똑같은 주름을 만들고 산다는 것이라네
우리가 서로 사랑해야 하는
또 하나의 이유는
세상의 강가에서 똑같이
시간의 돌멩이를 던지며 운다는 것이라네
바람에 나뒹굴다가
서로 누군지도 모르는
나뭇잎이나 쇠똥구리 같은 것으로
똑같이 흩어지는 것이라네

웃빛
설레이는
사랑
하나는...

여자들은 한 생애를 창가에서 산다
회박나무 그늘 같은 신전 속에서도
누군가를 그리는 마음 끝나지 않아
먼 곳에 눈 맞추고 서성거린다

백마를 탄 기사가 꼭 오리라
여자들은 사시사철 창문을 열어놓고
남몰래 긴 강물을 흘려보낸다

문정희 시 가을 우화 중에서 이호철 쓰다

가을 우화

여자들은 한 생애를 창가에서 산다
후박나무 그늘 같은 신접 속에서도
누군가를 그리는 마음
끝나지 않아
먼 곳에 눈 맞추고 서성거린다

백마를 탄 기사가 꼭 오리라
여자들은 사시사철 창문을 열어놓고
남몰래 긴 강물을 흘려보낸다

그런데 어느새 다녀갔을까
이 맑은 가을 날 오후
그대 부드러운 머리칼 속에
백마의 깃털 몇 올
희끗하고 정표처럼 날리는 것은…

무슨 신호일까
백마를 탄 기사는 아직 오지 않았는데
가을 창가에
말발굽 소리도 없이 찾아온

은빛 설레이는
사랑 하나는…

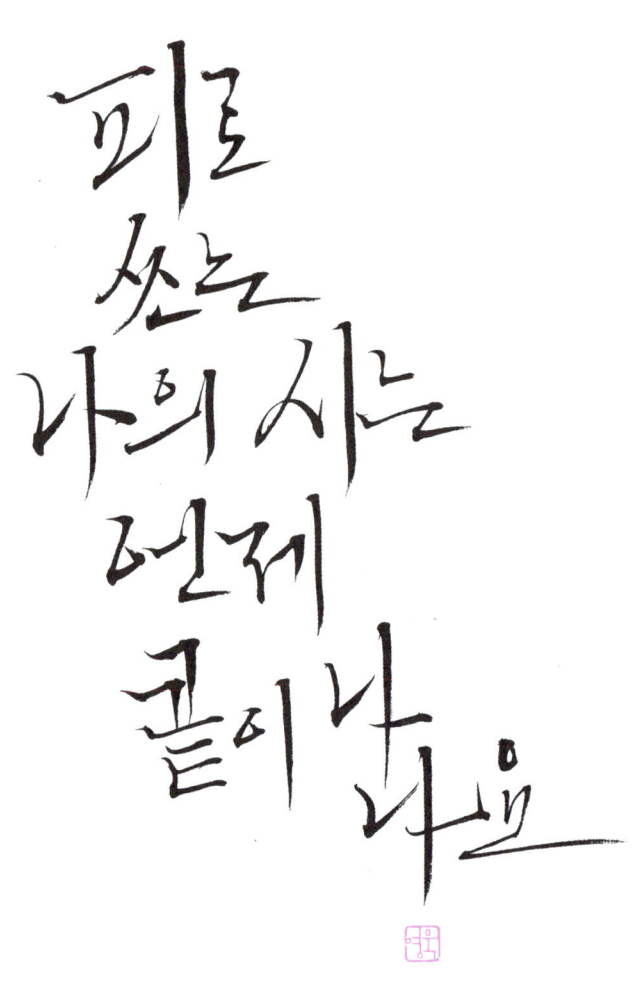

피로 쓰는 나의 시는 언제 끝이 나요

문정희 시 '초록 야생초를 영혼삼다'

작은 오리나무 덤불에 자란 아침 산기슭에
번개처럼 날아와
내 가슴 위의 오랜 빗장을 끊는
아 당신! 초록 아가씨요

나는 알아차렸었어요 순간
허공에 길을 내며 찾아온 내 사랑!
이번만은 놓치지 않겠었어요
발톱과 부리로 아프게 가슴을 쪼아보는
당신을 망설임 없이 집대로 데려왔어요
잠시는 떨며 깃털 속에 시를 새기기 시작했어요
우리사람으로 다시는 돌아가지 못하게
당신의 살과 뼈를 모두 가졌어요

그런데 이 손에 물은 피는 뭐죠
내가 감히 사랑을 가지려 했나요
내가 내 손으로 사랑을 죽이고 말았나요

주리하고 비트나 얼떨떨길에 길에 보내고
천둥이 칠 때마다
먼 곳을 보며 그리워하며
피로 쓰는 나의 시는 언제 끝이 나나요

초록 야생조

작은 호텔 뒤뜰에 차린 아침 식탁에
번개처럼 날아와
내 접시 위의 호밀 빵을 쪼는
아. 당신! 초록 야생조

나는 알아차렸어요, 순간
허공에 길을 내며 찾아온 내 사랑!
이번만은 놓치지 않겠어요
발톱과 부리로 아프게 키스를 퍼붓는
당신을 망설임 없이 침대로 데려왔어요
전신을 떨며 깃털 속에 시를 새기기 시작했어요
원시림으로 다시는 돌아가지 못하게
당신의 살과 뼈를 모두 가졌어요

그런데 이 손에 묻은 피는 뭐죠
내가 감히 사랑을 가지려 했나요
내가 내 손으로 사랑을 죽이고 말았나요

주저하고 벼르다 얼떨결에 날려 보내고
천둥이 칠 때마다
먼 곳을 보며 그리워하며
피로 쓰는 나의 시는 언제 끝이 나나요

가시에
찔려
상처 많은 옷
혼에 빠진
고독, 이제는 훌훌
벗어
버리고

새해에는
새 옷 입고 새로 사랑할까 보다
가만히 있어도
하늘이 가득 차오르는
우물 같은 사람 하나 만날까 보다
누가 와서 훔쳐가도
흠 하나 없는 맑간 미소
마시면 등골까지 출렁이는
새해에는
그런 우물 하나 마음속에 키울까 보다
새 옷 입고 거기 서서
물이나 기를까 보다

문정희 시 〈새 옷 입고〉 중에서 영묵쓴다

새 옷 입고

새해에는 새 옷 하나
지어 입을까 보다
하늘에서 목욕 나온 선녀들처럼
헌옷은 훌훌 던져버리고
가뿐한 알몸 위에
새 옷 하나 갈아입을까 보다
내가 사는 숲속에는 가시가 많아
그 가시에 찢겨 상처 많은 옷
흔해빠진 고독
이제는 훌훌 벗어버리고
새해에는
새 옷 입고 새로 사랑할까 보다
가만히 있어도
하늘이 가득 차오르는
우물 같은 사람 하나 만날까 보다
누가 와서 훔쳐가도
흠 하나 없는 맑간 미소

마시면 등골까지 출렁이는
새해에는
그런 우물 하나
마음속에 키울까 보다
새 옷 입고 거기 서서
물이나 기를까 보다

그리움

목쓱살아

물레들처럼

돌고
돌

거울처럼 맑갛 기도 속에 살고 있는
젊은 그녀는 어디로 갔을까
먼 바다를 향한 눈빛을 하고
따스한 어깨로 끌곤 하던 여자 그 안에 날개
사시사철 청솔처럼 키가 컸는데

마른 눈 서걱이는 지금은 저녁 답
흰 머리칼 날리며
홀로 창가에 기대서 있는 것은
거울 속에 그녀 대신
저녁 노을 하나
진주를 물결처럼 살고 있기 때문이리

문정희 시 비에 중에서 여목씀

비애

거울처럼 맑간 기도 속에 살고 있는
젊은 처녀는 어디로 갔을까
먼 바다로 향한 눈빛을 하고
따스한 어깨로 꿈꾸는 여자, 그 안에 살며
사시사철 청솔처럼 키가 컸는데

마른 잎 서걱이는 지금은 저녁 답
흰 머리칼 날리며
홀로 창가에 기대서 있는 것은
거울 속에 처녀 대신
저녁 노을 하나
잔주름 물결쳐서 살고 있기 때문이리

그리움 모두 살아
물레처럼 돌고

사랑은 귓속말로 남아

편안한 오후가

거기 쓸쓸히 웃고 있기 때문이리

맨발로
너와 함께
타오르고
싶었다

문정희 시 목숨의 노래를 영목쓴다

너
처음 만났을 때
사랑한다
이
말은 너무 작았다

같이 살자
이
말은 너무 흔했다

그래서
너를 두곤
목숨을 내걸었다

목숨의
처음과 끝
천국에서 지옥까지
가고 싶었다

맨발로
너와 함께
타오르고 싶었다
죽고
싶었다

목숨의 노래

너 처음 만났을 때
사랑한다
이 말은 너무 작았다

같이 살자
이 말은 너무 흔했다

그래서 너를 두곤
목숨을 내걸었다

목숨의 처음과 끝
천국에서 지옥까지 가고 싶었다

맨발로 너와 함께 타오르고 싶었다
죽고 싶었다

행신 바람은
도 내게로 오라

새 옷 갈아입고
거리에 서면
눈부신 바람은 모두 내게로 오리
오래 간직여둔 마음
일제히 초록은색으로
피어나는 계절은
잠시 스쳐가는 한숨이처럼
아름답고 슬픈 사랑을
나는 또 시작하리

문정희 시 소록옾에들 영복산다

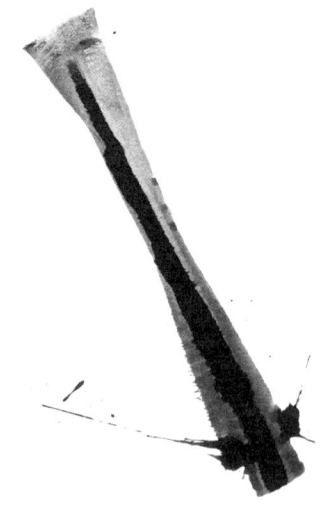

신록 앞에

새 옷 갈아입고
거리에 서면
눈부신 바람은 모두 내게로 오리
오래 감추어둔 마음
일제히 청무우색으로
피어나는 계절
잠시 스쳐가는 향기처럼
아름답고 슬픈 사랑을
나는 또 시작하리

그냥 이렇게 있을께요
그윽이 서로를 바라다보는
이 벼랑끝에서…

조금만 더 가까이 다가가고 싶어요

그래서 내 사랑은
화려함보다 영원한 문이 된다 해도
나는 그만 그런 길 벼랑으로
떨어지고 싶어요

황홀한 몰락을 하고 싶어요

우리들의 사랑이 같은
보랏빛 비밀함을 얻으며고

한 잔의 포도주가 되고 싶어요
아니
옮기고 지독까지 가고 싶어요

                     화려하지 벼랑의 노래를 여쭙니다

벼랑의 노래

그냥 이렇게 있을까요
그윽이 서로를 바라다보는
이 벼랑에서…

조금만 더 가까이 다가가고 싶어요

그래서 내 사랑은
황금보다 연한 은이 된다 해도
나는 그만 천 길 벼랑으로
떨어지고 싶어요

황홀한 몰락을 하고 싶어요

우리들의 상처 같은
보랏빛 뇌빈혈 일으키고

한 잔의 포도주가 되고 싶어요
아니
육간 지옥까지 가고 싶어요

박힌
별이
돌처럼
아파서
이렇게
한 생애를
허둥지린다

남을 사랑하는 사람이 되고 싶었는데
남보다 나를 더 사랑하는 사람이
되고 말았다

가난한 식사 앞에서
기도를 하고
밤이면 고요히
일기를 쓰는 사람이 되고 싶었는데
구겨진 속옷을 내보이듯
매양 허물만 내보이는 사람이
되고 말았다

사랑하는 사람아
너는 내 가슴에 아직도
눈에 익은 별처럼 박혀 있고

박힌 별이 돌처럼 아파서
이렇게 한 생애를 허둥거린다

문정희 시 비망록을 엮문쓰다

비망록

남을 사랑하는 사람이 되고 싶었는데
남보다 나를 더 사랑하는 사람이
되고 말았다

가난한 식사 앞에서
기도를 하고
밤이면 고요히
일기를 쓰는 사람이 되고 싶었는데
구겨진 속옷을 내보이듯
매양 허물만 내보이는 사람이 되고 말았다

사랑하는 사람아
너는 내 가슴에 아직도
눈에 익은 별처럼 박혀 있고

박힌 별이 돌처럼 아파서
이렇게 한 생애를 허둥거린다

찬란한 시절

문정희 시 그대 마흔 이후를
영혼샵다ー

날 흔들지 마세요 사랑은 노동 중에서도 중노동 생각만 해도 숨이 막히는 그 참혹한 소모를 아시잖아요 나도 이제 세상 사람들처럼 공기를 마시며 살고 싶어요 그대만 난 이후 내가 마신 건 공기가 아니었어요 숨쉬기가 너무 아팠어요 너무 눈부셨어요 끝없는 고통을 끝없이 기뻐하는 무서운 상승과 몰락이거기 있었어요

그대 만난 이후

날 흔들지 마세요
사랑은 노동 중에서도 중노동
생각만 해도 숨이 막히는
그 참혹한 소모를 아시잖아요
나도 이제 세상 사람들처럼
공기를 마시며 살고 싶어요
그대 만난 이후
내가 마신 건 공기가 아니었어요
숨쉬기가 너무 아팠어요
너무 눈부셨어요
끝없는 고통을 끝없이 기뻐하는
무서운 상승과 몰락이 거기 있었어요

잊어버리리 담쟁이 잎처럼 무성히 피운
그대 편지 속의 푸른 느티빛을
밤마다 빼어가던 그리움 하늘에 닿아
이쯤 별이 되었을 그 시간을
애석하다 손톱처럼 놓아버리리
지는 해 아래 소리없이 여위어가는 담쟁이를 보리
허공에 매달아 놓은 휘파람 소리
전신으로 끌어안던 질긴 사랑 모두 풀어버리고
하나의 위로처럼 빈 들녘으로 사라져 가는
꽃곶한 아름다운 이름을 보리

낭랭이
이효저럼
무성히

문성희 시 낭랭이를
기해세필영초쓰다

담쟁이

잊어버리리
담쟁이 잎처럼 무성히 띄운
그대 편지 속의 푸른 눈빛을

밤마다 뻗어가던 그리움
하늘에 닿아
어디쯤 별이 되었을 그 시간을

애석한 손목처럼 놓아버리리
지는 해 아래
소리 없이 여의어가는
담쟁이를 보리

허공에 매달아 놓은 휘파람 소리
전신으로 끌어안던 질긴 사랑
모두 풀어버리고

하나의 위로처럼 빈 들녘으로
사라져가는
꿋꿋하고 아름다운 이름을 보리

사랑
한다는 것은
세상에서
가장
아름답고
강한 것

사랑하는 것은
조용히 애는 것입니다

그리고 그 안에 들어가
오래오래 홀로 우는 것입니다

사랑하는 것은
세상에서 가장 부드럽고
슬픈 것입니다

그러나
사랑합니다
풀꽃처럼 작은 이 한마디에
녹슨 사슬 쇠줄도 빠개져 열리고
길고 긴 지혜의 밤도 눈 녹듯 스러지고
온 대지에 터져나는 봄이 옵니다

사랑하는 것은
세상에서 가장 아름답고
강한 것입니다

문정희 시 사랑하는 것은 에 붙임

사랑하는 것은

사랑하는 것은
창을 여는 것입니다

그리고 그 안에 들어가
오래오래 홀로 우는 것입니다

사랑하는 것은
세상에서 가장 부드럽고
슬픈 것입니다

그러나
"사랑합니다"
풀꽃처럼 작은 이 한마디에
녹슬고 사나운 철문도 삐걱 열리고
길고 긴 장벽도 눈 녹듯 스러지고
온 대지에 따스한 봄이 옵니다

사랑하는 것은
세상에서 가장 아름답고
강한 것입니다

아
내 사랑은
친덕꾸러기

사랑이 고귀하다는 말은
거짓말이었어요

하늘 아래
그중 으뜸인 것이
사랑이란 말도 믿을 수가 없어요

내가
숨을 쉬기 시작한 날로부터
손꼽아 기다려왔다던 그 사랑이

하늘 아래 떠 있는
가장 위험한 구름을 닮은 나는 보았어요

서로의 손끝만 닿아도
하늘이 무너지고

문정희 시 내 사랑은 줄에서 영향받으다

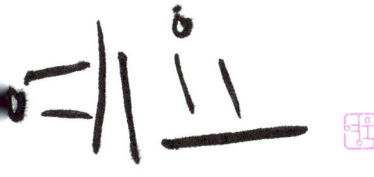

내 사랑은

사랑이 고귀하다는 말은
거짓말이었어요

하늘 아래
그중 으뜸인 것이
사랑이란 말도
믿을 수가 없어요

내가
숨을 쉬기 시작한 날로부터
손꼽아 기다렸던 그 사랑이

하늘 아래 떠 있는
가장 위험한 구름임을
나는 보았어요

서로의 손끝만 닿아도
하늘이 무너지고

우리들은
그만 얼굴 한번 쳐들 수 없는
천하의 벌레들이 되는 것을
그것이 내 사랑임을
나는 보았어요

그런데
어떻게 사랑은 고귀한 거며
하늘 아래
그중 으뜸인 것이
사랑인가를
내가 믿겠어요

아, 내 사랑은
천덕꾸러기예요

자주은
햇살에도
얼굴 붉어지는
풀꽃처럼
사랑하자

나는 바람이라 봐요

닿지 높은 대궐 안에요
문도 많은데
문마다 톡톡 열어젖히고 싶어요

닿는 것마다
흔들고 싶어요

지쳐 있는 풀벌들을
죄다 떠다고 싶어요

바다에요

작은 햇살에도 얼굴 붉어지는
풀꽃 같은
사람 하나로

높은 벽에 온몸 부딪고
스러지고 싶어요

문정희 시 «바람이의 노래»를 옮겼습니다–

황진이의 노래 1

나는 바람인가 봐요

담도 높은 대궐 안엔
문도 많은데
문마다 모두 열어젖히고 싶어요

닿는 것마다
흔들고 싶어요

지체 있는 뭇별들을
죄다 따고 싶어요

아니어요

작은 햇살에도 얼굴 부끄러운
풀꽃 같은
사랑 하나로

높은 벽에 온몸 부딪고
스러지고 싶어요

내 청춘에 살긴은 그믐달

문정희 시
황진이의 노래2를 대청옮겨씀

갈밭을 이어온
바닷속이 무덤 자리요
그대 발에 채워지는
한 근의 사슬

내 허리에 감기는
청홍의 그물

사슬과 비단 끈에
밤이 묶여 흐르겠지요

아니어요
그 사슬이
불태우는 기름이어요

그 비단 끈
애를 닿아 향이어요

이 세상 모든 서적과
갈밭들을 태우고도 남을

한 생애의
불길이 타고 있어요

황진이의 노래 2

갈밭이어요
바람이 무성히 자라요
그대 밭에 채워진
천 근의 사슬

내 허리에 감기운
청홍의 그물

사슬과 비단 끈에
밤이 묶여 흐느껴요

아니어요
그 사슬이
날 태우는 기름이어요

그 비단 끈
입술 닿아
화상이어요

이 세상 모든 서적과
갈밭을 태우고도 남을

한 생애의
불길이 타고 있어요

바람이 불면
깃을
펴지는
아름다운
풀잎

윤동주 시
그 거리에 가면은 좋겠어 어쩔씀

그 거리에 가면
  다시 만날 수 있을까

밤이 되면 갓을 펴는
  아름다운 불빛이라서

더 내려갈 곳 없도록 둘던
  그 사랑을

자국가 너무 많아
  숨 막히도록 정겹던 날
  그리움을 서성이던
  바람의 향기 속에

숯이 서려 더럽고 있던
  나뭇잎 하나
  다시 만날 수 있을까

허리에 팔을 두르며
  다가서던 목소리
  이제 모두 한곳으로 쓸려가 갔느니
  다시 만날 수 있을까

그 거리에 가면

그 거리에 가면
다시 만날 수 있을까

밤이면 깃을 펴는
아름다운 불빛 아래

덧니처럼 새로 돋던
그 사랑을

자유가 너무 많아
숨 막히던 젊은 날
진종일 서성이던
바람의 톱날 속에

손이 시려 떨고 있던
나뭇잎 하나
다시 만날 수 있을까

허리에 팔 두르며
다가서던 목소리
이제 모두 한곳으로 쓸려갔느니
다시 만날 수 있을까

닫힌 문을 두드리던
눈동자 속에
푸르게 물결치던 그 하늘을

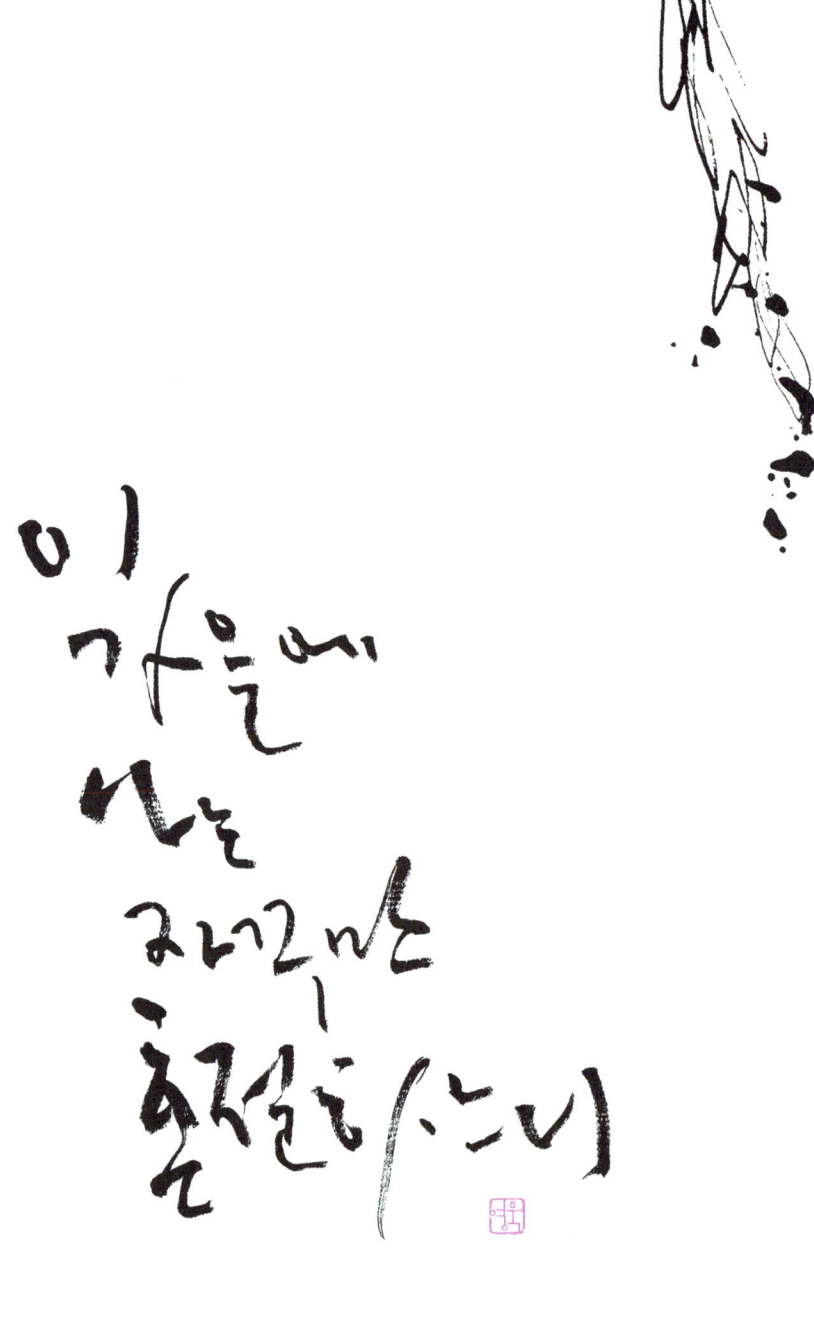

사랑이여
나는
맑고 하늘에 숨이 막혀
끝없는 슬픔에 잠겨 드느니

밤에는 장작이 쪼개지는
비명으로 울어나
사라져가는 모든 슬픔
사라져가는 모든 아름다움을
홀로
드높이 맞저보느니

이 가을에
나는 자꾸만 혼자 남느니

사랑이여
들개바람으로 스쳐가는
네 쓸쓸한 가을 사랑이여

문정희 시 이 가을에를 영록쓴다

이 가을에

사랑이여
나는
말간 하늘에 숨이 막혀
끝없는 수마에 잠겨 드느니

밤에는 장작이 쪼개지는
비명으로 일어나
사라져가는 모든 슬픔
사라져가는 모든 아름다움을
홀로
뜨거이 만져보느니

이 가을에
나는 자꾸만 혼절하느니

사랑이여
돌개바람으로 스쳐간
네 짧은 가을 사랑이여

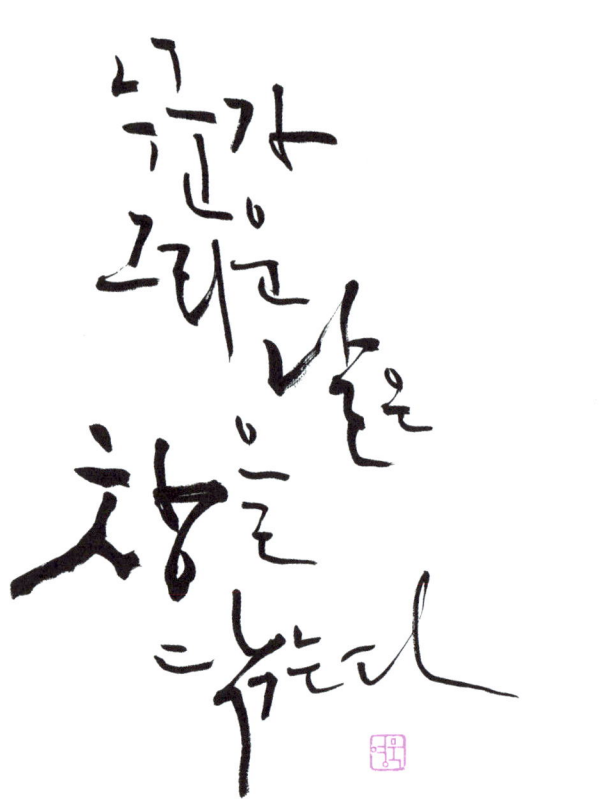

누군가 그리운 날은 창을 닦는다
창에는 하늘이 내게 가장 눈부신
유리가 키워져 있어 천도의 불로
꿈을 태우고 만도의 뜨거움으로 영
혼을 살라만든 유리가 키워져 있어
솔바람 보다도 창창하고 종소리
보다도 은은한 노래가 떠오른다
온몸으로 받아들이되 자신은 그림
자조차 드러내지 않는 오래이도록
못잊을 사랑하나 살고 있다 누군
가 그리운 날은 창을 닦아서 말고
투명한 햇살에 그리움을 말린다

문정희 시 유리창을 닦으며를 영목쓰다

유리창을 닦으며

누군가 그리운 날은
창을 닦는다

창에는 하늘 아래
가장 눈부신 유리가 끼워 있어

천도의 불로 꿈을 태우고
만도의 뜨거움으로 영혼을 살라 만든
유리가 끼워 있어

솔바람보다도 창창하고
종소리보다도 은은한
노래가 떠오른다

온몸으로 받아들이되
자신은 그림자조차 드러내지 않는
오래도록 못 잊을
사랑 하나 살고 있다

누군가 그리운 날은
창을 닦아서

맑고 투명한 햇살에
그리움을 말린다

그냥
나란히

그냥 나란히 서 있을 테야

푸른 새 한 마리
바람 치고 있으니

물결 위에
물결 위에 퍼덕이게 하고

하늘 아래
나는
그대와 나란히
그냥 나란히 서 있게만 할 테야

문정희 시 오늘을 여쭙다

오늘

그냥 나란히 서 있을 테야

푸른 새 한 마리
바람 차고 일어나

물결 위에
물결 위에 퍼덕이게 하고

하늘 아래
나는
그대와 나란히
그냥 나란히 서 있기만 할 테야

그대
곁에
머도는
바람

나와 가장 가까운 그대 슬픔이
세 강물의 흐름이라 한들

내 하는 기도가 햇빛 하고 와
그대 맞잡고 맴도는 바람이라 한들

나 그대 꿈속으로 들어갈 수 없고
그대 땀으로 내 꿈을 열 수 없으니

우리 함께 서로가 사랑한다 한들

문정희 시 노래들 아용했습니다

노래

나와 가장 가까운 그대 슬픔이
저 강물의 흐름이라 한들

내 하얀 기도가 햇빛 타고 와
그대 귓전 맴도는 바람이라 한들

나 그대 꿈속으로 들어갈 수 없고
그대 또한 내 꿈을 열 수 없으니

우리 힘껏 서로가 사랑한다 한들

혼자 흘러와
혼자 무너지는
총소리처럼

그대 아는가 모르겠다

혼자 흘러가
혼자 무너지는
종소리처럼

온몸이 깨어져도
흔적조차 없는 이 대낮을

올 수도 없는 물결처럼
그 깊이를 살피며
혼자 걷는 이 황야를

비가 안 와도
늘 비를 맞아 뼈가 얼어붙는
얼음 벌판

그대 참으로 아는가 모르겠다

문정희 시 고독을 영혼쓴다

고독

그대 아는가 모르겠다

혼자 흘러와
혼자 무너지는
종소리처럼

온몸이 깨어져도
흔적조차 없는 이 대낮을

울 수도 없는 물결처럼
그 깊이를 살며
혼자 걷는 이 황야를

비가 안 와도
늘 비를 맞아 뼈가 얼어붙는
얼음 번개

그대 참으로 아는가 모르겠다

사랑하여서
지금은 밤
바람이 흔들리는
잎 다물기에요

그냥 묵성하기에요

마음의 별떤
서둥가 빛이 되기에요

문정희 시 지금은 밤을 옮겨받다

지금은 밤

사랑이여
지금은 밤
바람이 흔들더라도
입 다물기예요

그냥 무성하기예요

멀리 보면
서로가 별이 되기예요

첫여름 하얀 달밤이 되면
그만 고백해버리고 싶다
그대 내 사람이라고

키큰 포플러 바람에 흔들리고
수런수런 풀냄새 온몸에 젖어들때

입으로 부르면 큰일 나는 그 사람
하도록! 향기로 터뜨리고 싶다

그만 뜨거운 달맞이꽃으로
활훅 피어나고 싶다

문정희 시 달맞이꽃을 영목쓴다

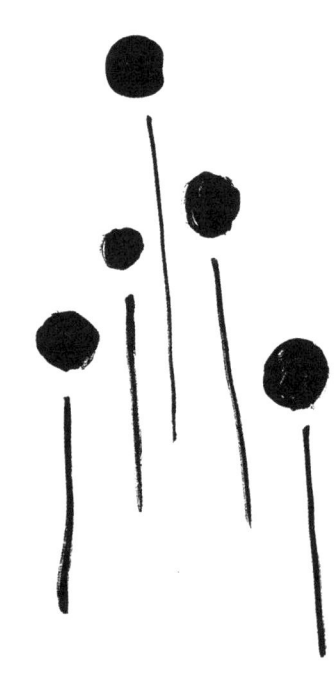

달맞이꽃

첫여름 하얀
달밤이 되면
그만 고백해버리고 싶다
그대 내 사람이라고

키 큰 포플러 바람에 흔들리고
수런수런 풀 냄새 온몸에 젖어들면

입으로 부르면
큰일 나는 그 사람
하르륵! 향기로 터뜨리고 싶다

그만 뜨거운 달맞이꽃으로
확확 피어나고 싶다

언젠가
네잎
네가
이틀기수는
개미들게
있는다는
얼이人

내 떠나가는 지
세상이 달력으로 열흘 되었고
내 피의 달력으로 십 년 되었다

나 슬픈 것은
내가 없는 데다
밤 오면 잠들어야 하고
기내 오면
잎은 가득 바람을 때 넣는 일이다

옛날에 옛날적
그 시절을 돌이켜보니
그냥 그렇게 너를 잊는 일이다

이 아픔 그대로 있으면
그래서 숨막혀 나 죽으면
아무도 없으리라

그러나
나 진실로 슬픈 것은
언젠가 너와 내가
이 뜨거움 까마득
잊는다는 일이다

문정희 시 이별 이후를 영복한다

이별 이후

너 떠나간 지
세상의 달력으론 열흘 되었고
내 피의 달력으로 십 년 되었다

나 슬픈 것은
네가 없는데도
밤 오면 잠들어야 하고
끼니 오면
입안 가득 밥알 떠 넣는 일이다

옛날옛날적
그 사람 되어가며
그냥 그렇게 너를 잊는 일이다

이 아픔 그대로 있으면
그래서 숨막혀 나 죽으면
원도 없으리라

그러나
나 진실로 슬픈 것은
언젠가 너와 내가
이 뜨거움 까맣게
잊는다는 일이다

가난을
날로
세어 보다
잠들
었다

슬픈 새의 축도댕고를 춘다
우렁의 악보 속에 다리 하나 움키고
휘감고 풀어주고 움추리다 다시 휘감으며
가만히 누워있다가 뛰어나는 사랑
당신 마음 레일도 아는데
사꾹 파먹고 싶어
특이 오는 소나기처럼 온 몸을 두드린다
비바주 가득하고 심장을 두드린다
당신은 카스카벨! 집시의 혼이 탱고를 춘다
깃털 달린 펜의 몸으로 시를 쓴다

본정희 시 탱고의 시를 연필로쓴다

탱고의 시

슬픈 새의 춤
탱고를 춘다

유랑의 악보 속에
다리 하나 숨기고

휘감고 풀어주고 솟구치다
다시 휘감으며

가벼이 누웠다가
피어나는 사랑

당신 입술 과일도 아닌데
자꾸 파먹고 싶어

튀어 오르는 소나기처럼
땅을 두드린다

비애로 가득한
심장을 두드린다

당신은 카스카벨!*
집시의 혼이 탱고를 춘다

깃털 달린 새의 몸으로
시를 쓴다

* cascabel, 스페인어로 방울, 맑고 쾌활한 사람.

음악이
과거진행형으로
울고
있다

브루흐를 듣는다
브루흐 속에서 사랑을 꺼낸다
그렇게 아팠었구나
음악이 과거진행형으로 울고 있다

나의 그 어느 기도가 하늘에 닿아
너를 내 앞에 갖다 놓았을까
시작하고 부서지고 돌아오지 않는…
브루흐는 나를 피도 없이
피 흘리게 한다

문정희 시
과거진행형으로 우는 음악을 엉엉쓰다

과거진행형으로 우는 음악

'브루흐'를 듣는다
'브루흐' 속에서 사랑을 꺼낸다
그렇게 아팠었구나
음악이 과거진행형으로 울고 있다

나의 그 어느 기도가 하늘에 닿아
너를 내 앞에 갖다 놓았을까
시작하고 부서지고 돌아오지 않는…
'브루흐'는 나를 피도 없이
피 흘리게 한다

몸 속의 뼈를 발라내고 싶다
목욕을 하고 싶다
물로 받는 다 부드러움 함께
그만 스며들 싶다
당신의 언 몸의 뼈 다리
가시의 끝의 끝까지
적시고 싶다
그래 잠 속에 안겨
지상의 것들을
말갛게 씻어버릴 싶다
눈 띄움을 싶다

비의 사랑

몸속의 뼈를 뽑아내고 싶다
물이고 싶다
물보다 더 부드러운 향기로
그만 스미고 싶다

당신의 어둠의 뿌리
가시의 끝의 끝까지
적시고 싶다

그대 잠 속에
안겨
지상의 것들을
말갛게 씻어내고 싶다

눈 틔우고 싶다

햇살 가득한 대낮
지금 나하고 하고 싶어?
네가 물었을 때
꽃처럼 피어나는 나의 문자

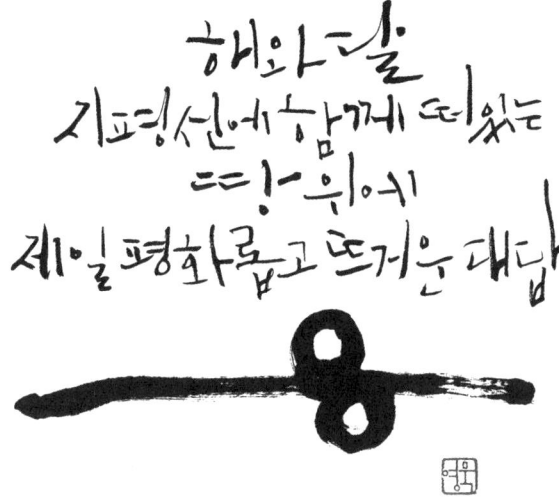

문정희 시 응 중에서 덩묵쓴다

응

햇살 가득한 대낮
지금 나하고 하고 싶어?
네가 물었을 때
꽃처럼 피어난
나의 문자
"응"

동그란 해로 너 내 위에 떠 있고
동그란 달로 나 네 아래 떠 있는
이 눈부신 언어의 체위

오직 심장으로
나란히 당도한
신의 방

너와 내가 만든
아름다운 완성

해와 달
지평선에 함께 떠있는

땅 위에
제일 평화롭고
뜨거운 대답
"응"

새 한해의 산은 밤집 같이 봄꽃을 피운다

그리고 너나 이미 한 편의 시입니다 비로소 내가 나의 신이 봅니다

이 가을 삶

문정희 시 사람의 가을을 옮무숨

나의 신은 나 없이 이 가을 날 내가 가진 모든 언어로 내가 본 신입니다
별과 별 사이에 와 나 사이에 가을이 왔습니다 맨 처음 신이 가지고 온
검은 조각 잘라서 모든 것은 홀로 빛 납니다 저 낱낱이 하나인
잎들 저 자욱이 홀로인 새들 저 잎과 저 새를 언어로 옮기는
일이 시를 쓰는 일이 이 가을 옮기는 일 만큼 힘이 듭니다
저 하나로 완성입니다

사람의 가을

나의 신은 나입니다. 이 가을날
내가 가진 모든 언어로
내가 나의 신입니다
별과 별 사이
너와 나 사이 가을이 왔습니다
맨 처음 신이 가지고 온 검으로
자르고 잘라서
모든 것은 홀로 빛납니다
저 낱낱이 하나인 잎들
저 자유로이 홀로인 새들
저 잎과 저 새를
언어로 옮기는 일이
시를 쓰는 일이, 이 가을
산을 옮기는 일 만큼 힘이 듭니다
저 하나로 완성입니다
새 별 꽃 잎 산 옷 밥 집 땅 피 몸 물 불 꿈 섬
그리고 너 나

이미 한편의 시입니다
비로소 내가 나의 신입니다. 이 가을날

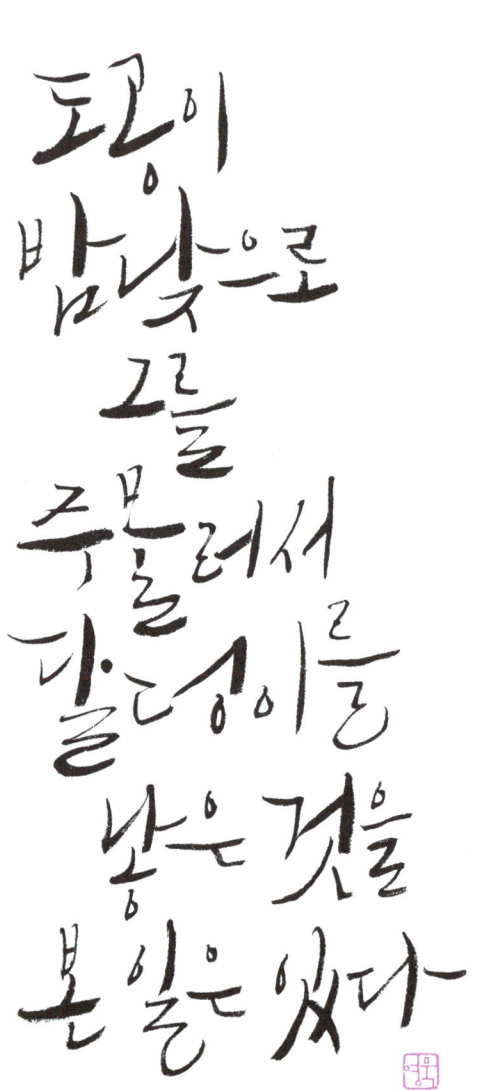

그래도
나는
흙이 가진 것 중에
제일 부러운 것은
그의 이름이다
흙흙흙 하고 그를 불러보면
눈물샘 저 깊은 곳으로부터
슬프고 아름다운
목숨의 메아리가 들려온다
하늘이 우물을 파 놓고
두레박으로 자신을 퍼 올리는
소리가 들려온다

문정희 시 흙 중에서 여정묵쓰다

흙

흙이 가진 것 중에
제일 부러운 것은 그의 이름이다
흙 흙 흙 하고 그를 불러보라
심장 저 깊은 곳으로부터
눈물 냄새가 차오르고
이내 두 눈이 젖어온다

흙은 생명의 태반이며
또한 귀의처인 것을 나는 모른다
다만 그를 사랑한 도공이 밤낮으로
그를 주물러서 달덩이를 낳은 것을 본 일은 있다
또한 그의 가슴에 한 줌의 씨앗을 뿌리면
철 되어 한 가마의 곡식이 돌아오는 것도 보았다
흙의 일이므로
농부는 그것을 기적이라 부르지 않고
겸허하게 농사라고 불렀다

그래도 나는 흙이 가진 것 중에
제일 부러운 것은 그의 이름이다
흙 흙 흙 하고 그를 불러 보면
눈물샘 저 깊은 곳으로부터
슬프고 아름다운 목숨의 메아리가 들려온다
하늘이 우물을 파 놓고 두레박으로
자신을 퍼 올리는 소리가 들려온다

시간에 젖지 않는 사랑

물랑희 시
한 번 사랑을
영목쓰다

불에 타지 않고 물에 녹지 않고
시간에 젖지 않는 사랑이라면은
한 번 더 하고 싶다

불에 타고 물에 녹고
시간에 젖는 이 몸은

불에 타고 물에 녹고 시간에 젖어
활활 죽어도 살아도 괜찮을 것 같다

한 번 사랑

불에 타지 않고
물에 녹지 않고
시간에 젖지 않는 사랑이라면
한 번 더
하고 싶다

불에 타고
물에 녹고
시간에 젖는
이 몸

불에 타고
물에 녹고
시간에 젖어
활활 죽어도 살아도
괜찮을 것 같다

그냥 내 하얀 생애 속에
틈이들이 따스한 가을이 되고 싶다.

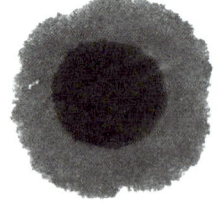

눈송이처럼 너에게 가고 싶다.
어쭝거리지 말고
세상에서지 말고
숨기지 말고
그냥 네 하얀 생애 속에 뛰어들어
따스한 겨울이 되고 싶다.
천 년 백설이 되고 싶다.

문정희 시 겨울사랑을 옮겨쓰다.

겨울 사랑

눈송이처럼 너에게 가고 싶다

머뭇거리지 말고

서성대지 말고

숨기지 말고

그냥 네 하얀 생애 속에 뛰어들어

따스한 겨울이 되고 싶다

천 년 백설이 되고 싶다

문정희 산문

사랑? 유리병 속에 밀봉해둘까

사랑을 글로 쓰려고 하니 슬며시 화가 난다.
사랑은 글로 쓰는 것이 아니라 실제로 하는 것이기 때문이다.
사랑은 불꽃 같은 시간이 흐른 후 추억으로 완성되는
한 폭의 풍경화인지도 모른다. 사랑이 곁에 왔을 때는 기쁘고
고통스럽게 허둥거리다가 지나가버린 후에야 비로소
그 진정한 가치를 깨닫는다는 점에서 젊음의 본질과도 많이
닮아있다.

사랑은 인간이 사는 동안, 한순간도 멈출 수 없는
호흡 같은 것이다.
무릇 인간의 역사는 사랑으로부터 시작되었다.
위대한 예술 또한 바로 사랑으로부터 비롯되었다.

최근 한 유명 감독은 그의 1백 번째 영화를 크랭크인하면서
"이제 사랑 얘기를 할 나이가 됐다"라고 했다.
이제? 나는 노감독의 입에서 나온 '이제'라는 말이 참 좋았다.
풋내가 싹 가신 완숙하고 절절한 사랑의 진수가 그의 손에서

태어날 것 같아 기대가 되었다.
또한 지금은 타계한 비디오 아티스트 백남준도
마지막 부자유한 몸을 휠체어에 맡긴 채 인터뷰에 응하면서
지금 가장 하고 싶은 것이 무엇이냐는 기자의 질문에
조금도 주저하지 않고 '연애!'라고 대답했다.
기자가 물러서지 않고 다시 물었다.
"그동안 많이 하셨잖아요?"

"해도 해도 자꾸 더하고 싶은 것이 연애야."
그때 그 인터뷰를 읽는 순간 나는 즉시 마케도니아행
비행기표를 예약했었다. 그곳에서 곧 세계 시인들의
페스티벌이 열릴 예정이었는데, 나는 그 초대장을 받고
참석 여부를 망설이던 중이었다. 나는 아낌없이 생의 순간을
사랑하고 싶었다.
나는 늘 타오를 때만이 진정한 목숨이라고 생각했다.

동서고금을 통하여 모두가 예찬하는 인생의 최고 가치인
사랑의 본질은 무엇일까.
감정의 한 오라기를 만지작거리다가 저만치 물리 시버리는
그런 사랑이 아니라, 면도날로 한 획을 그어 다만 흠집을

남기는 사랑이 아니라, 인간의 정신사 속에 깊은 의미를
축복처럼 남기는 운명 같은 사랑을 나는 진정한 사랑이라고
말하고 싶다.
그리고 그것이 불멸의 혼으로 화하는 자리에 빛나는 언어의
꽃을 피우는 그런 시를 쓰고 싶다.

아련한 차원의 정서로 손쉽게 호소하는 사랑을 나무라고
싶지는 않지만, 진정한 차원의 사랑, 보석처럼 승화된 사랑에
나의 생애는 무릎을 꿇고 싶은 것이다.

사랑은 불꽃이므로 얼마 후면 반드시 재를 남기고 사라진다.
그러므로 사랑에 혼신을 다하고 그 사랑을 잊지 못해 오래
고통스러워하는 모습은 인간의 모습 중에 가장 아름다운
모습이다.
인간 속에 내재한 광맥의 한가운데를 흐르는 샘물이 사랑인
것이다.

우리는 생의 덧없음과 시간의 유한성有限性을 잘 알고 있다
더욱더 뜨거운 열정으로 타오르는 사랑을 원하는 것은
그 때문이다.

유효기간이 짧은 것은 사랑뿐만이 아니라 우리의 생이
또한 그렇다.

사랑? 유리병 속에 밀봉해둘까.
나는 쉽게 변하는 사랑이 안타까워 사랑을 이렇게
표현해본 적도 있지만 분명한 것은 사랑, 이 아름다운
가변可變의 꽃이 "어느 노련한 교사보다도 더욱더 노련하게
인간을 성숙시킨다는 것"이다.
또한 "사랑에 있어 진정한 비극이란 없다. 사랑이 없는 곳에
비극이 있다."
이런 말에 나는 감동과 함께 전폭적인 동의를 보낸다.

사랑은 인간의 생명 속에 살아있는 가장 뜨거운 숨결이다.

뜻 문자, 한글을 생각합니다   강병인

시인의 시를 글씨로 옮기면서 한글을 생각해 봅니다. 글 모르는 일반 백성들을 위해 만든 한글은 쉽게 배우고 쓸 수 있으면서도 매우 뛰어난 소리 문자입니다. 그런데 과연 한글은 소리 문자의 기능만 가지고 있을까요.

봄, 꽃, 똥, 칼, 놀자, 봄날, 햇살 등 순우리말들을 소리 내어 읽어 보면 소리와 글자가 다르지 않습니다. 한글은 우리말을 문자화했기 때문입니다. '봄'이라는 글자는 땅에서 싹이 나고 자라 가지를 뻗고 마침내 꽃이 피는 모습을 표현했습니다. '바람'은 불어오는 느낌을 담아 썼습니다. 그러다 보니 그림이지 글씨가 아니라고들 했습니다. 더군다나 한글은 소리 문자인데, 어떻게 한자와 같은 뜻 문자나 상형문자의 기능을 가질 수 있는지 의아해했습니다.

훈민정음 해례본에 나타난 핵심적인 제자원리를 살펴보면, 한글이 소리 문자와 뜻 문자의 기능을 모두 갖추고 있음을 알 수 있습니다. 한글 제자원리의 핵심이 되는 천인지天人地와 합자, 그리고 순환의 원리를 통해 '소리 문자와 뜻 문자로서의 한글'에 대해 이야기하고자 합니다. 자음을 만드는 원리인 발성 기관의 시각화는 많이 알려져 있으므로 설명을 보태지는 않겠습니다.

첫 번째는 글자의 바탕, 운영의 체계가 되는 천인지입니다

한글은 글자의 바탕을 천인지로 삼았습니다. 소리를 하늘과 땅, 사람으로 나눈 체계입니다. 〈표1〉처럼 '한'이라는 글자에서 ㅎ은 하늘(초성)이고 끝소리 ㄴ은 땅(종성)이며 첫소리와 끝소리를 어울려 주는 ㅏ는 사람(중성)으로 나누고 합해서 소리가 나고 글자가 되게 했습니다. 이러한 체계system는 사실 그 어떤 문자에도 없는 운영원리입니다. 상형문자의 전형인 한자에도 이러한 체계는 없습니다. '주춧돌초磋'는 한자를 만드는 육서법 중에서도 회의 문자로 '돌석石', '수풀림林', '짝필疋'을 모아 만든 문자입니다. 아무리 해체를 해도 한글과 같은 체계는 존재하지 않습니다. 다만 자연과 인간의 형상을 문자화했다는 점에서 하나의 공통점이 있을 뿐입니다. 소리를 하늘과 땅, 사람으로 나누고 합하는 원리 역시 세상에 없는 원리입니다. 반드시 '모아 써야 만 소리가 나고 문자가 된다'는 변할 수 없는 규칙은 무엇보다 한글의 입체성, 예술성이 드러나는 지점입니다.

두 번째는 모음을 만드는 순환의 원리입니다

천인지는 다시 모음을 만드는 원리로 작용합니다. 먼저 모음을 이루는 형태는 둥근 하늘(•)과 평평한 땅(ㅡ), 그리고 서있는 사람(ㅣ)의 모습을 상형했다고 했습니다. 〈표1〉처럼 ㅓ가 ㅗ가 될 때 음의 소리에서 양의 소리로 바뀌면서 모음을 만듭니다.

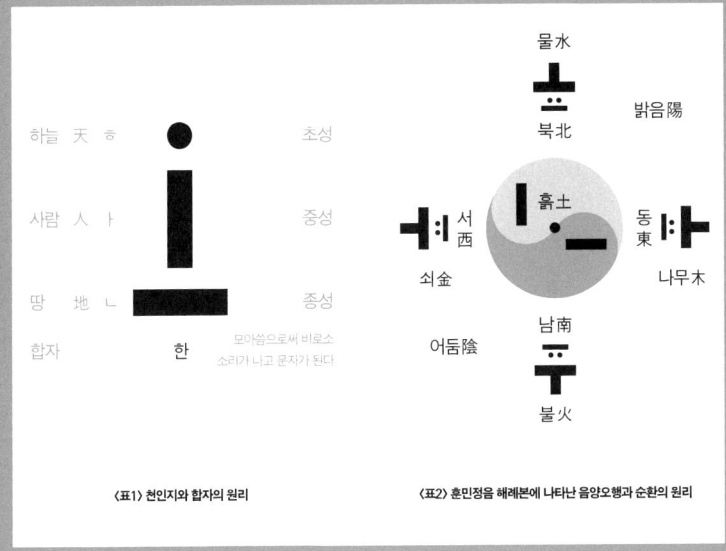

〈표1〉 천인지와 합자의 원리   〈표2〉 훈민정음 해례본에 나타난 음양오행과 순환의 원리

이때 세상의 모든 소리를 쉽게 적을 수 있는 원리가 음양의 변화, 바로 〈표2〉의 순환의 원리입니다. 사계절의 변화가 모음을 만드는 근본 바탕이 된 것이며, 이 순환의 원리에 한글이 소리 문자의 기능과 뜻 문자의 기능을 모두 갖춘 문자임이 드러납니다.

먼저 엉엉앙앙, 옹옹웅웅, 실실슬슬, 꼬불꼬불, 꾸불꾸불처럼 순환의 원리로 세상의 모든 소리를 쉽게 적게 했으니, 발성 기관의 상형화 못지않은 소리 문자의 자질이 드러납니다. 더불어 이 순환의 원리는 자연의 변화와 인간의 삶, 희로애락 등의 표현마저 자연스럽습니다. ㅓ는 들어오는 기운, ㅏ는 뻗어나가는 기운, ㅗ는 올라가는 기운, ㅜ는 내려가는 기운, ㅡ와 ㅣ는 멈추고 서는 기운을 나타내며 뜻 문자의 자질이 나타납니다.

모음 ㅗ는 원래 하늘을 상징하는 •과 ㅡ가 만나 이루어진 것입니다. 이때 •은 선으로 변했습니다. 이 선의 '길이 변화'를 통해 〈글씨1〉처럼 기운이 솟아나고 뻗어나가는 것이 자연스럽습니다. '솟'자의 솟아오르는 모음 ㅗ를 90도 회전시켜 뻗어나가는 기운을 담은 '다'자의 모음 ㅏ를 만들었습니다.

〈글씨2〉처럼 ㅓ의 가로획과 ㅜ의 세로획의 변화를 통해 소리의 길이마저 쉽게 보이게 하고 들리게 합니다.

또한 〈글씨3〉처럼 '얼쑤좋다'에서 모음의 구조는 ㅓㅜㅗㅏ입니다. '들어오고 내려가고 올라가고 마침내 뻗어나가는 기운과 우리네 삶의 흥'을 자연스레 표현합니다. 〈글씨4〉에서는 소나무의 씨앗이 땅에서 싹이 나고 자라며 마침내 아름드리 소나

〈글씨1〉 솟다, 솟아나고 뻗어나가는 기운의 표현, 강병인 作

〈글씨2〉 소리의 길이 표현, 강병인 作

〈글씨3〉 ㅓㅜㅗㅏ 의 구조 속에 드러나는 흥겨움, 강병인 作

〈글씨4〉 모음 ㅗ 세로획의 변화로 소나무가 자라는 시간, 강병인 作

무가 되는 과정도 모음 ㅗ의 세로획의 길이 변화를 통해 나타납니다.

소리 문자를 넘어
뜻 문자 한글을 이야기하자

우리가 살아가면서 내는 소리나 마음, 흥겨움, 슬픔, 솟아오르고 뻗어나가는 기운, 태어나 자라고 다시 자연으로 돌아가는 순환의 과정을 이렇게 쉽게 표현할 수 있는 문자는 많지 않습니다. 그것도 '솟다'와 '솔'처럼 형태만이 아니라 하늘과 땅, 사람이라는 체계를 만들고 자연과 인간의 삶의 변화를 모음의 회전, 즉 순환하면서 글이 가진 뜻과 소리를 자연스럽게 표현할 수 있으니, 참으로 놀라운 문자라 말할 수 있습니다. 특히 중성 모음이 뚜렷한 형태를 가졌다는 점도 매우 독창적인 문자임을 말해 주고 있습니다. '뜻 문자 한글'에 대한 고민의 출발은 "이 스물여덟 자를 가지고도 전환이 무궁하다"는 훈민정음 해례본의 정인지 서문 때문이었습니다. 우리 스스로 소리 문자로 가두어 두고서는 한글의 확장성을 기대할 수는 없기 때문입니다.

한글 제자원리와 붓의 만남,
글이 가진 뜻을 오롯이 하다

'강병인 쓰다'에 사용된 도구는 모두 붓입니다. 동양의 서예는 모필이 가진 탄력을 이용한 글쓰기입니다. 그래서 서예는 소리가 없으면서도 음악적인 리듬이 있고, 빛깔이 없으면서도 그림이 가지는 현란한 색

채감을 느끼게 한다고 합니다. 시를 글씨로 옮겨 책을 내기로 생각한 이유이기도 합니다. 보이지 않는 슬픔과 기쁨, 삶의 희로애락을 붓이라는 도구를 통해 보여주자는 생각이었습니다. 어쩌면 심상心象을 세우는 일이기도 합니다. 그러한 과정에서 한글이 만들어진 원리는 붓이라는 도구 못지않게 시어들 속에 숨어있는 보이지 않는 소리, 보이지 않는 마음, 보이지 않는 시간들을 보다 쉽게 보여주고 들리게 하는 소중한 역할을 했습니다. 그렇다고 모든 글씨가 이러한 바탕으로 쓴 것은 아닙니다. 그것은 또 하나의 속박이 될 테니 말입니다.

강병인

1962년 경남 합천에서 태어나, 초등학교 6학년 때부터 한글 서예를 시작하고, 홍익대학교 산업미술대학원을 졸업했다. 90년대 말부터 서예와 디자인을 접목한 멋글씨, 캘리그래피를 개척하여 융합과 전통의 현대적 재해석을 통해 한글글꼴의 다양성과 아름다움을 알리고 있다. 한글의 창제원리를 작품 철학으로 삼아 자연과 더불어 살아가는 우리네 삶과 소리를 담아낸 글씨를 선보이며, 소리 문자를 넘어선 뜻 문자와 한글의 가치에 대해 이야기하고 있다.

3·1운동 100주년 기념 〈독립열사 말씀, 글씨로 보다〉 순회전 등 16회의 개인전을 개최하고, 국립현대미술관 〈미술관에 書 : 한국 근현대 서예전〉 등 130여 회의 그룹전에 참가했다. 저서로 『글씨 하나 피었네』, 어린이 그림책 『한글꽃이 피었습니다』 외 다수의 공저가 있다.

한글의 디자인적 가치와 예술적 가치를 확장해온 노력을 인정받아 2009년 한국출판인회의 선정 올해의 출판디자이너상을 수상하고, 2012년 대한민국디자인대상 은탑산업훈장을 수훈했다.